씨
앗

씨앗

초판 1쇄 발행 2023년 10월 30일

지은이 김은심
펴낸이 장길수
펴낸곳 지식과감성⁺
출판등록 제2012-000081호

교정 주경민
디자인 오정은
편집 오정은
검수 이주희, 이현
마케팅 김윤길

주소 서울시 금천구 벚꽃로298 대륭포스트타워6차 1212호
전화 070-4651-3730~4
팩스 070-4325-7006
이메일 ksbookup@naver.com
홈페이지 www.knsbookup.com

ISBN 979-11-392-1379-9(03810)
값 12,000원

- 이 책의 판권은 지은이에게 있습니다.
- 이 책 내용의 전부 또는 일부를 재사용하려면 반드시 지은이의 서면 동의를 받아야 합니다.
- 잘못된 책은 구입하신 곳에서 바꾸어 드립니다.

지식과감성⁺
홈페이지 바로가기

김은심 시집

씨앗

인생이란 철새도 사람도
고단한 것이 인생입니다

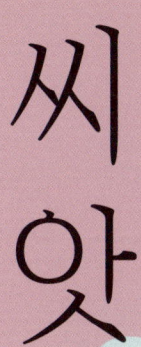

목차

- 8 · 화살나무의 활시위
- 9 · 화창한 날 봄 처녀
- 10 · 산속 풍광
- 11 · 인생도 철새도
- 12 · 산
- 14 · 산속 오두막 집 한 채
- 15 · 구절초
- 16 · 벚꽃
- 17 · 피아노 음률에
- 18 · 휴지의 일생
- 19 · 까만 밤하늘
- 20 · 사랑이란? 1
- 21 · 사랑이란? 2
- 22 · 사랑이란? 3
- 23 · 무지개 감정
- 24 · 봄~♡
- 25 · 세월
- 26 · 하루를 어떻게 소유할까요?
- 27 · 행복은
- 28 · 눈의 참맛은
- 29 · 가을과 겨울 내 세상은 그렇다
- 30 · 신기루
- 31 · 안개는 걷힐 것이다
- 32 · 겨울의 진실
- 33 · 참나무 1
- 34 · 참나무 2
- 35 · 참나무 3
- 36 · 양귀비꽃 1
- 37 · 양귀비꽃 2
- 39 · 노란 은행잎

40 · 가을비 1
41 · 가을비 2
42 · 은행나무
43 · 분당공원의 친구들
44 · 화가의 물방울
45 · 겨울은
46 · 대나무
47 · 겨울 햇살
48 · 가을 끝에서
49 · 따뜻한 겨울
50 · 낙엽 1
51 · 낙엽 2
52 · 국화꽃
54 · 가을 1
55 · 가을 2
56 · 물은

57 · 홀로 간다네
58 · 종달새
59 · 삶이란
60 · 아침 이슬
61 · 아침
62 · 섬초롱꽃
63 · 해국
64 · 가을 하늘
65 · 낙엽 길
66 · 달맞이꽃
67 · 제라늄꽃
68 · 목련화
69 · 봄비
70 · 탄천길 1
71 · 탄천길 2
72 · 봄은 노란 유채꽃

73 · 초록빛 봄님
74 · 참나무의 첫눈 풍경
76 · 소나무 1
77 · 소나무 2
78 · 망개 열매
79 · 상수리나무, 참나무
80 · 갈대
81 · 오솔길
82 · 느티나무
83 · 은행잎 낙엽 길
84 · 풍선을 타고
85 · 칡
86 · 비 1
87 · 비 2
88 · 바다 위 저 갈매기
89 · 붉은빛 노을
90 · 태양
91 · 빗방울
92 · 바다
93 · 비 오는 날의 설렘
94 · 눈은
95 · 발가락들의 아옹다옹
96 · 사랑
97 · 시계
98 · 마음
99 · 여명
100 · 밤
102 · 내 임 1
103 · 내 임 2
104 · 사랑 사랑 하늘 아래
105 · 사계의 사랑
106 · 사계절 산길

107 · 빨간 신호등 앞
108 · 별 하늘님
109 · 흐르는 물처럼
110 · 용인
111 · 화분 속 애벌레
112 · 봄
113 · 붓꽃
114 · 고추 같은 사람
115 · 참깨 같은 사람
116 · 꽃소금 같은 사람
117 · 한겨울의 산등성
118 · 오늘 바람 불어 좋은 날
119 · 오손도손 이야기꽃을
    피워 본다
120 · 미지의 세계
121 · 사사삭 소리친다

122 · 그리움이다
123 · 보리밭 키 재기
124 · 10월
125 · 한 송이 연꽃
126 · 난의 봄
127 · 착각
128 · 호숫가
129 · 숲길
130 · 감나무
131 · 작은 난로
132 · 은방울꽃
133 · 내 임께
134 · 눈이 온다
135 · 하얀 눈길
136 · 봄은

화살나무의 활시위

우리 동네는 예쁜 무리를 짓고 사는
화살나무 가족이 산다

예쁜 단풍잎 곱게 갈아입고
울긋불긋 색동옷으로 곱게 입고
단체로 쭉 뻗은 활시위 자세가
참 곱기도 하여라
이쁘기도 하여라

저리 무리지어
단체로 쭉 뻗은 활시위는
다들 어디를 겨냥할까?

행복한 사람일까?
눈물일까?
찌푸림일까?
시간일까
무엇을 겨냥할까?
화살나무에게 묻는다

화창한 날 봄 처녀

화창한 날 휴일 날
봄이 오려는가?
오늘 날씨가 참으로 좋구나!
얼쑤~

봄밭에 달래 냉이 캐는 봄 처녀
가슴 설렘 한 바구니
달래 향 냉이 향 가득 담은
봄이 오려는가?

남쪽 하늘 밑 매화 향~ 가득!
북쪽 하늘 밑 생강꽃 찾아?
산자락 훑어보면 찾아지려나?
마음만 바쁘구나!

봄 처녀 꽃바구니
한 아름 안고 오려는가?
예쁜 꽃 한 아름!
봄 처녀

산속 풍광

그리 정답던 오솔길도
산새들 모여 목욕하던 개울가도
모두가 시간이 멈춘 듯 고요한 적막감

흐르던 시냇물 얼음으로
한들거리던 풀잎 낙엽으로
추풍낙엽은 가득한데
쓸쓸한 산속 친구들은 어디로?
청설모 다람쥐 산토끼 고라니
다 어디로 갔나?

쓸쓸한 산골 홀로 거하는구나!
변함없는 나의 소나무
너의 사철 변함없는
그 마음만 남았구나!

인생도 철새도

산속 작은 연못에
청둥오리들이 꽉~꽉~♡
해마다 오는 귀여운 손님들
언제나 봐도 귀엽다
겨울부터 와서 봄까지 있다가
어디로 가는지 정말 궁금하다

그때 그 친구들인가?
물가 추운 날 한 발 딛고 서서
한 발 품속에 쏙 넣고
졸고 있는 모습을 보면서
잠시 철새의 고단한 삶을 들여다본다

어쩌면 철새의 삶 또한
사람의 고단한 인생과도
같으려니...

산

산
세상의 시끄러움도
다 혼자서 감당한다
신난다
혼자여서도 둘이어서도
난 신난다

산
산이라서 좋다
산이어서 난 좋다
신난다
홀로 물이어서 좋다

산
난 산이어도 좋고 물이어도 좋고
신난다 신명이 난다
늘 그 자리 그 모습에
난 신난다

산
오늘도 내일도 늘 나의 산이다
내 물은 산을 휘감는다
곳곳을 휘감아 낸다

산속 오두막 집 한 채

산속 작은 오두막 집 한 채
작은 집 한 채
오손도손 행복한 집 한 채

가고 오는 이는 없지만
산새 들새 청설모 다람쥐
산까치 들까치
온갖 새들의 지저귐

둘레길 옆 앙증맞은 찔레꽃 열매
산까치 들까치 산새 들새
양식 삼아
고운 임 소식 전해 줘!

구절초

그 하얀 꽃 여린 줄기
이슬방울 곱게 달랑달랑

하얀 구절초 꽃잎 꽃잎
가을 찬 서리 어쩌나 어쩌나

낙엽 이불 곱게 오색찬란한
햇볕 받아 더욱 곱게 하얀
구절초 그대는 순백의 꽃

벚꽃

달콤한 솜사탕 같아
한입 먹고 싶어졌다

연분홍 꿈속
숲속 공주의 옷자락같이
하늘하늘하구나
한들한들 흔들림에 더 고운 빛에
내 가슴 봄이 왔다

고운 꽃잎 흐드러지는 꽃비를 맞으며
저 멀리 하늘 높이
임에게 달려갑니다

피아노 음률에

피아노 음률에 내 마음 따라
몸을 흔들어 본다
흔들흔들 눈을 감고
조용한 음률 따라서

경쾌하고 발랄하고 감미롭고
섬세한 음률을 따라
내 마음도 따라간다

이 가을은 내 마음도 따라
가을이려나 한다
따뜻한 가을이고 싶다

휴지의 일생

작은 씨앗의 성장
큰 나무 되는 동안
신선한 공기 주고
열매 주고 흙의 거름 주고
나무 잘림 후 건축 자재 되고
이도저도 안 되는 건 휴지로

휴지는 고마운 존재
난 아껴 쓴다
그 과정을 알기에
세상의 휴지는 없어지는 존재다
본연의 임무를 다한 휴지는
늘 화장실 정화조 속에서
다음의 여정을 기다린다
순환의 고리를 따라서
미래를 꿈꾸며

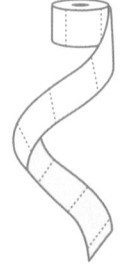

까만 밤하늘

까만 밤하늘
먹물 같은 까만 밤하늘 아래
세상의 빛은 화려한 은하수다

까만 밤하늘
세상 나쁜 것 다 흡수하는
스펀지다

세상 모든 근심 다
까만 밤하늘에게 보내련다

이 밤 자고 나면 더 밝고 더 맑게
우리 근심 모두 가져갈
까만 밤하늘은
스펀지다

사랑이란? 1

사랑이란?
아련한 아픔과 싸한 차가움 속에서도
봄빛이려나 한다

사랑이란?
피아노 선율 속
아련한 즐거움이려나 한다

사랑이란?
아픔 속에서도
따뜻한 미래려나 한다

사랑이란?
솜사탕 같은 비수다

사랑이란?
넓은 대지 위에 설움이다

사랑이란? 2

사랑이란?
넓은 바다 위에 허공이다

사랑이란?
하늘의 허상 속 꿈이다

사랑이란?
희망과 절망의 마침표다

사랑?
너, 나, 누구나 다 있다

사랑이란? 3

사랑이란?
솜사탕이다
달달함과 달콤함을
폴폴 부풀려 달달하다

사랑이란?
따뜻하다
한겨울의
푹신한 솜이불이다

사랑이란?
미소다
늘 미소 짓게 한다
환한 미소
사랑의 결정체이다

무지개 감정

한 가지 색 무지개 보였네

1. 너무 심심한 빨강
2. 둘 중 한 가지 색 주황
3. 셋 중 두 가지 색 노랑
4. 넷 중 세 가지 색 초록
5. 다섯 중 네 가지 색 파랑
6. 여섯 중 다섯의 색 보라
7. 일곱 중 모든 색의 기본 흰색

사람의 색인가 한다
모든 것이 합하여짐은 검정!
내 모든 것이 검정인가 한다!

봄~♡

온 세상 가득 봄이 찾아오련~♡
봄 언제 오련~♡
봄 이리 기다림~♡
봄 늘 설렘의 임을 기다림~♡
봄 오늘 같은 날은 더 기다림~♡
봄 사랑받아 사랑하고픈 임~♡
봄 어서 오세요~♡
봄 따뜻한 사랑 담아 오세요~♡
봄 늘 상큼 풋풋함을~♡
봄 향 내음을~♡
봄 너그러움을 내는 봄~♡
봄 왠지 모를 설렘으로~♡
봄 영원한 사랑이구나~♡
봄 무지갯빛 사랑이구나~♡

세월

세월
세상 시간들 화살같이 빠름에
내 세월 거북 세월에도 어쩔 수 없이
지나가는구나

세월
내 머리에도 찬 서리 서리서리
간간히 내렸구나

세월
천하장사도 못 말리는 세월
오고 가는 세월 그 누가 막을 수 있겠는가

세월
이제 오는 날 막지 않고
가는 세월 잡아 보면
잠시 잠깐 머뭄도
한도 미련도 없이 잘 살아 보련다

하루를 어떻게 소유할까요?

하루를 소유할까요?
누릴까요!
우리가 부여받은 24시간을
어떻게 보낼까요?

어떤 이는 솜사탕!
어떤 이는 씁쓸함!
어떤 이는 지옥!
어떤 이는 식은땀!
어떤 이는 환상 속!
어떤 이는 음악 속 멜로디
어떤 이는 천당!

환상 속 하루인가?
아님 현실 속 하루인가?
늘 깨어 있는 나를
내가 바라봅니다!

행복은

행복은 볼 수도 만질 수도 없다
행복은 보인다
환한 표정으로 좋은 몸짓으로
세상 모든 생명체가 다 행복했으면 좋겠다

사람들은 다 행복을 좇아 찾아다닌다
보이지도 만져지지도 않는 행복을
행복은 어디에 있을까?
맘속에? 아님?
늘 우리가 쫓아 찾아 떠나는
행복…… 무엇일까?

행복
어디에 있나
찾으련다

눈의 참맛은

눈은 달콤한 맛이 날까?
눈은 고소한 맛이 날까?
눈은 새콤한 맛이 날까?
눈은 쌉싸래한 맛이 날까?
눈은 매콤한 맛이 날까?

눈은 달콤한 맛일까?
쌉싸래한 맛이 정답이려나!

가을과 겨울 내 세상은 그렇다

가을은 모든 세상의 생명들에게
새 생명을 품어 주고
새로운 희망을 내재시킨다

그중 겉 사람은
늙음으로 한 발짝
깊음으로 한 발짝
더 익어 감으로
내 세상은 그렇다

식물은 씨앗이라는 생명을 품고
봄날의 기지개를 켜기 위해
깊은 잠을 청하고
풀포기 뿌리는 겉잎을 담요삼아
깊은 잠을 잔다

어쩌면 겨울은
생사를 걸고 이겨 내야 하는
계절인가 한다

신기루

신기루를 본 적 있는 사람은
얼마 없겠지요?

전 신기루를 봤답니다
분명 사막인데 오아시스
야자수 나무와 시원한 물이 있는
신기루를 봤답니다
신기하고 신기했답니다

제가 지금 뜬금없이 신기루 물음은
사람 마음이 신기루처럼
신기해서 신기루가 떠올라서요
마음이 허상을 좇아서 갈 수 있다는 것을
마음이 허상 현실 착각
모든 것은 마음!

안개는 걷힐 것이다

안개
희뿌연 안개 속 검은 그림자
날마다 보는 그림자
오늘은 더 싸한 그림자
날씨 탓! 온도 탓!
아님 내 기분 탓!……

안개
안개가 희뿌연 연기처럼 덮는다
세상 것 다 덮는다
쉼을 주려고 내 마음속을 점검하라고
잠깐잠깐 쉼을 얻으면
내 마음속 안개는
걷힐 것이다

거울의 진실

거울
거울은 겉 사람을 본다
속사람의 내면의 세계도 본다!
속속들이 눈동자처럼 그래서
자주 들여다본다

거울
사물의 반사됨을 본다
본연의 모습만 보여 준다
사람의 시각으로 보는 것보다
더 정확히 보인다

거울
모든 것들을 똑바로 보여 준다
잘됨은 잘됐다고
잘못됨은 잘못됐다고
착시 현상 없이
똑바로 보여 준다

모든 것들을……

참나무 1

참나무의 깊은 동면을 본다!
쭉 뻗은 키 큰 나무
언제나 든든하다

언제나 단단하게 쭉 뻗은 가지
휘어짐도 없다
쭉 뻗은 몸통
든든한 나의 친구다

언제나 그 자리에 그냥 있어 줘!
언제나 믿음의 친구야 아프지도 마
언제나 변함없는 나의 친구야 넌 참나무!

봄은 너의 파랗고 여린 순을 보면서
봄의 시작을 알았고
여름엔
너의 넙데데한 잎사귀를 보면서
한여름 추억을 주는구나

참나무 2

참나무 너의 푸르름이
오늘도 여전하구나!

사계절 늘 그 자리에서
변함없는 그 당당함!

쭉쭉 뻗어 감의 그 튼실함
본받고 싶구나!

수십 년 비바람 찬바람
엄동설한 꿋꿋이
잘도 이겨 내는구나!

참나무 3

참나무의 사랑
참나무는 그 이름처럼 참나무입니다
열매가 있어
사람들은 묵 쒀 먹고
산짐승들에게는 겨울 양식입니다

그 낙엽은 곤충들에게
겨울 따뜻한 담요가 되고
그 몸은 사람을 위해
추운 겨울 난로 속으로 들어가
활활 타오르는 불꽃이 되어
한 줌의 재가 되어
온전히 내어 줍니다

양귀비꽃 1

양귀비꽃
고운 자태 어여쁨의 날
화사한 빛 붉고 희고 곱고 노랗게
바람결 한들한들
일렁이는 고운 자태
무리 지어 일렁이는 고운 빛
아른거림의 얇은 꽃잎 살랑살랑
참으로 곱구나 바람결 따라
흔들림의 고운 꽃 무리

양귀비꽃 2

양귀비꽃
다홍색 양귀비꽃
아릅답게 피어
옅은 바람결에 흔들리는
그대 꽃 양귀비꽃

양귀비꽃 향 바람결 따라
달달한~ 향 내음~
바람결 따라 향 내음~
내 마음도 달달한~ 향 내음~

홍다홍 양귀비꽃 가녀린 줄기
가녀린 꽃잎에 이슬 젖은 꽃잎
가녀린 줄기 옅은 바람결에도
한들~ 한들~ 바람 따라 향 내음
솔솔~ 멀리멀리~ 저 멀리~

노란 은행잎

하늘은 저리 청명한데
노란 은행잎은 하염없이
떨어진다

내 마음도 그 슬픔을 안고서
낙엽처럼 흘러간다
떨어지는 낙엽처럼...

가을비 1

가을날 부슬부슬 비가 내린다
산속 안개처럼 부슬부슬
비가 내린다

앙상한 나뭇가지로 빗방울이 떨어진다
저 나뭇가지 생명을 숨긴 채
조용히 동면에 든다
화려한 봄날을 기약하며

이제 나뭇가지는 휴식에 거한다
조용히 죽은 듯이 조용히
화려한 봄날을 기약하며
조용한 휴식에 거한다

가을비 2

비 그대
온 세상의 생명된 것들의
젖줄 생명줄
어찌 그대를 싫다 하리요
온 대지 위의 생명된 것들과
지하의 생명된 것들을
어찌 그대 환영치 않겠나!

비 그대
지구 자연의 첫 생명의 잉태자여
그대 존재를 어찌 싫다 하겠나!

비 그대
대자연 순환의 첫 연결자임을 누가 부정하겠나!

비 그대
세상 그 무엇과도 바꿀 수 없는 참이여!

은행나무

은행나무야
이리 가을이라
그리 곱게 색을 내는구나
잎사귀마다 곱게 곱게
그리 곱게 색을 내는구나

은행나무야
너의 수고의 열매가
그리 독한 향 속에
그리 맛남을 숨겼구나

은행나무야
너의 장수가 나의 연수가 부끄럽구나

은행나무야
너의 우직함을 본받고 싶구나
사철을 그리 내게 즐거움을 주고
그리 내게 열매 주고
그리 내 눈을 즐거움으로 행복하게 하는구나

분당공원의 친구들

분당
도심 한 중앙 작은 공원의
빨간 단풍나무
그대는 벤치 옆 든든한 친구

여름의 파란 잎을
붉은 치마로 갈아입었구나!
단풍나무 그대
붉다 못해 불붙음 같구나

그리 울던 매미 오간 데 없고!
그리 사푼사푼 날던 잠자리 오간 데 없구나!
그리 집 되고 놀던 곳
친구들은 다 어디로 갔나?……

그대 홀로 붉은 옷 갈아입고
그리운 듯 친구를 찾는구나!

화가의 물방울

하얀 캔버스 위 물방울
영롱한 물방울
큰 방울 작은 방울
방울방울 물방울 또로롱 또로롱
물방울

굴리듯 굴리듯 물방울
작은 방울 큰 방울
햇볕 받아 영롱하다 반짝반짝하다
물방울 더 작은 방울 모여 큰 방울
더 큰 호수 더 큰 바다

겨울은

겨울
잠들 시간이다
모든 대지의 생명이 잠시 잠들 때
또 다른 생명이 움틈을 기대한다

겨울
잠시 휴식한다
잠시 재충전의 시간이다
소진한 힘을 보충하는 시간이다

겨울
낭만의 시간이다
시원한 겨울을 즐기자!
여름처럼 즐기자 느끼자!
낭만의 계절로 활짝 기지개를 쭉 펴고
숨을 들이마시자!

겨울
따뜻함을 느껴 보자!

대나무

대나무
흔들린다 사샥~ 사샥~
흔들린다~♡

대나무
변함없다 사철 푸른 잎
쭉 뻗은 키!~♡

대나무
휘어짐은 있어도
꺾임은 없다~♡

대나무
일생 중 단 한 번의 꽃
깔끔히 하얗게 죽는다~♡

나는 대나무를 사랑한다~♡

겨울 햇살

겨울 햇살 아래 작은 실개천가
길 따라 갈대꽃 억새꽃 망개 열매
빨간 열매 작은 길 따라
내 마음도 그 길 따라간다
그 물길 따라 나도 간다

살랑살랑 나풀나풀 실개천가 물잠자리
그 작은 몸짓에 내 마음도 따라간다

나풀나풀 살랑살랑 그 물가
물잠자리 어디로 갔나?
내 마음도 어디로 갔나?

가을 끝에서

가을의 끝에서
낙엽 가득 깔아 놓고
한 발짝 바스락
두 발짝 바스락
바스락바스락 고운 잎 가득가득 밟고
고운 걸음 사푼사푼 고운 곳으로
내 걸음 한 걸음 바스락바스락
사푼사푼 걸음 예쁜 곳으로
오늘도 사푼사푼 바스락바스락

낙엽 길 따라
내 고운 날도 따라간다
낙엽 길 따라 내 걸음도
사푼사푼 따라간다

따뜻한 겨울

겨울 참 따뜻합니다!
모든 생명 깊은 잠을 잡니다
깊이깊이 잠을 잡니다

겨울 참 따뜻합니다!
희망을 품고 깊은 잠을 잡니다
새로운 희망을 품고
깊이깊이 잠을 잡니다

겨울 참 따뜻합니다!
세상 근심 다 희망으로 덮여
따뜻한 겨울
따뜻한 겨울

낙엽 1

바스락바스락 곱던 낙엽
스치는 바람결 따라 바스락

낙엽 잎 고운 모습
책갈피 속 추억
내 맘도 담아 바스락바스락

바스락바스락 낙엽 곱구나
바람결 따라 바스락바스락

바람결 따라 바람결 따라
곱던 낙엽도 바스락바스락

낙엽 2

가을날 낙엽은 바스락바스락
내 걸음마다
미안한 발걸음
가을날의 낙엽 되어 내 앞길 바스락바스락
내 걸음 더 조심

가을날의 낙엽 내 맘속 추억처럼
흔적을 남긴다
좋았든 싫었든 슬프든 행복하든
가을날 낙엽 바스락바스락
늘 사랑하는 어떤 이에게

국화꽃

국화꽃 그윽한 향에 취한다
가을 끝자락 양지 녘
따뜻한 햇볕 아래 곱게 한 무리 지어 핀
국화꽃

국화 흐드러진 한 아름
무리 지어 곱구나
빨강 노랑 하양 분홍 작은 꽃
사랑스러움으로……
사랑스러움으로……

국화꽃 향기에 취하는구나
양지 녘 따뜻한 햇볕 받아
가을 끝자락에 무리 지어 핀 꽃이
더욱 사랑스럽구나

가을 1

가을입니다
그리 봄날에 아련한
고운 꽃 가득한 벚꽃 나무도
오색단풍잎 가득 알록달록
아릅답습니다

벤치 의자 위 낙엽을 쓸어 내리고
가만 앉아서 이 글을 씁니다
세상은 저리도 곱게 흘러갑니다
내 인생도 흘러갑니다
아릅답게 같이 가고 싶습니다
험난한 인생사를 다 덮고 곱게 곱게
저 단풍잎마냥
아릅답게 흘러가고 싶습니다

가을 2

가을 낙엽의 흩어짐에
바람 따라 이리저리

보임도 느껴짐도
시시각각
어느 결 어느 때에

새로운 하늘땅에
봄은 오려는가?

더 서글픈 세상에서
이리저리 흔들리지 말아라

물은

물
물은 모든 것 덮고 감싸 안고
걸림도 없다 무엇이든 다
적셔 주고 닦아 주고 감싸 안아 주고
보듬어 준다

물
말없이 모든 것 안아 준다
가림 없이 모든 것 다 안아 준다
걸림 없이 가림 없이
다 감싸 안아 준다

물
바다처럼 바다처럼 걸림 없어라
바다처럼 바다처럼 받아 내는구나

홀로 간다네

홀로 간다네
미지의 세계로 걸어간다네
나 혼자서

내 임은 서산 넘어
혼자서 간다네
혼자서 걸어간다네

슬픔도 기쁨도 없는 곳으로
혼자서 걸어간다네

세상 남도 혼자요
세상 간다 함도 혼자요

혼자서 걸어간다네
저세상으로 걸어간다네

종달새

뽀로롱
종달새의 아침 인사
너의 지저귐이 청아한
한 자락의 피리 소리구나

세상 시끄럽다만
너의 청아한 지저귐이
세상 시름 다 잊게 하는구나

뽀로롱
종달새 지저귐에 내 시름도 다
가져가려무나!

삶이란

삶이란
오색 무지개입니다
날마다 달마다 연마다
색색을 내십니다

오색 무지개를 우리가
잘 받아 냅시다
날마다 다른 색들의 무지개를
우리 마음속으로 잘 받아 냅시다
검게 물들지 않고 밝고 아름답게
맘으로 잘 받아 냅시다

감사함으로
고마움으로
사랑함으로
우리가 내가 한 사람씩 예쁘게
오색 무지개 다 받아 냅시다
환한 세상으로 끝까지!

아침 이슬

아침 이슬
뽀얀 안개 속 홀로 걸어간다
이슬비 내리는 안개 속 뽀얀 안개 속으로
나 홀로 걸어간다

세상의 세파를 뒤로하고 홀로
걸음마다 자국이 남는구나
어느샌가 시간은 가고
오는 것도 가는 것도 없다

임은 곁에 없고
홀로 곱씹으며 뒤돌아본다
저 먼 하늘을 본다
아침 이슬 맞으며 홀로 간다

저 먼 미지의 세계로 나는 간다
홀로 걸어간다

아침

깊은 가을날의 아침
참으로 아릅답구나
쭉쭉 뻗은 참나무의 튼실한 기둥들

아침 햇살 참나무 튼실한 기둥
찬란한 햇살의
황금빛 세상이구나

아침의 햇살은 부드럽고 곱고
따뜻하고 황홀한 금 뿌림같이
황금빛 찬란한 빛으로

아침 동산 찬란한 빛 받음은
따뜻한 금빛 사랑이구나

섬초롱꽃

섬초롱꽃
연보랏빛 그 연약한
꽃 초롱초롱 섬초롱꽃
꽃잎마다 빗방울 달랑달랑!

한들한들 연약함에도
흔들리는 꽃잎 꽃잎마다
고운 빛 섬초롱꽃

고운 임 그리운 임
임 같은 꽃 섬초롱꽃
빗방울 꽃잎마다 달랑달랑!
한들한들 흔들림도 고와라!

해국

깊은 가을
그대 꽃잎은 청보라 꽃
한들한들
절벽 끝자락에서

그리 몸 부여잡고
절벽 끝자락에서
꽃잎 한들한들 청보라 꽃잎
그대 해국!

바람결 꼭 잡고
청보라 꽃잎
그대 해국!

가을 하늘

가을 하늘은 높고 짙푸르다
너무 높아 쳐다볼 수가 없구나
보고 싶은 임의 마을 곁을 지날까
내 마음 두둥실 띄워 본다

가을 하늘은 넓고 높고 푸르구나
내 마음도 저 하늘에 두둥실 띄워
내 임 마을 곁을 지나고 있을까
보고 싶은 내 임……

가을 하늘 높고 깊어 내 마음
저 높이 두둥실 띄워
내 임의 소식을 나에게 알려 주련
보고 싶은 내 임……

낙엽 길

낙엽 길
비바람 길 카펫
깔아 놓았다
노란색, 갈색, 빨간색……

낙엽 길
아름답게 카펫
깔아 놓았다
걸음걸음마다
아름답구나

낙엽 길
내 인생도 그리 비바람 되어
내 마음 우수수 떨어진다
아름다운 오색 낙엽이 되어
이제 잠시
쉬고 싶구나

달맞이꽃

달맞이꽃
산과 들 어디서든
그대 꽃 어여쁘다……

늘 사랑하는 마음 담아
그대 꽃 달맞이꽃 노란 꽃
늘 곧은 절개가 어여쁘다……

쭉 선 줄기
늘 한곳만 바라보는
그대 달맞이꽃
늘 한곳만 보는
어여쁜 그대 꽃

제라늄꽃

제라늄 빨간 꽃
너는 어찌 그리 곱구나
초록 잎 치마 둘러 입고
한 봉오리 빨간 꽃 곱기도 하구나

제라늄 핑크 꽃
너는 사랑스럽고 어여쁘구나
연둣빛 잎사귀 고운 치마 둘러 입고
한 봉오리 화려한 핑크 곱기도 하여라

그대 향 그리 향기롭지 않아도
내 눈 가득 행복하구나
풍성한 그대 꽃 어느새
내 마음 가득
행복 짓는구나

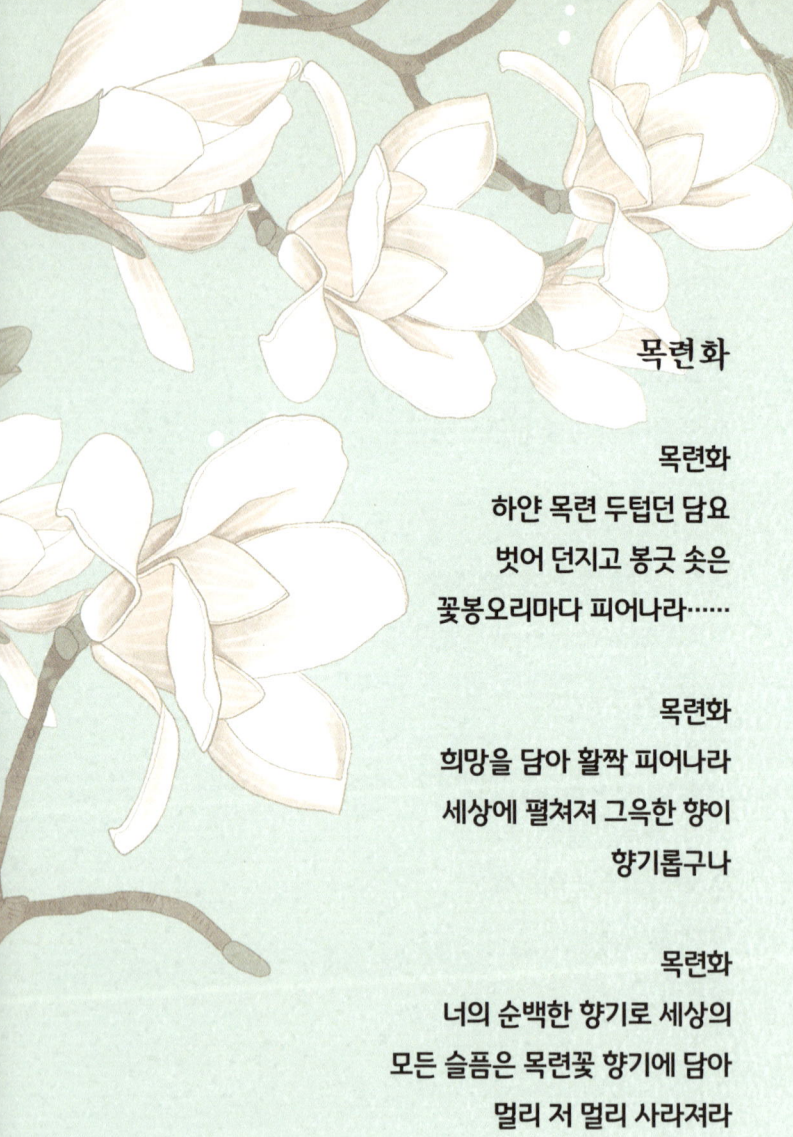

목련화

목련화
하얀 목련 두텁던 담요
벗어 던지고 봉긋 솟은
꽃봉오리마다 피어나라……

목련화
희망을 담아 활짝 피어나라
세상에 펼쳐져 그윽한 향이
향기롭구나

목련화
너의 순백한 향기로 세상의
모든 슬픔은 목련꽃 향기에 담아
멀리 저 멀리 사라져라

봄비

봄비
후드득…… 후드득……
어서 잠에서 깨어나라

벚나무 목련나무
세상의 모든 나무들아
어서 잠에서 깨어나라

봄비
후드득…… 후드득……
시원히 내려라
잠자는 모든 생명들아
봄이 시작되었구나
어서 잠에서 깨어나라

탄천길 1

탄천길 벚꽃이
아름답게 환하게
피어 있답니다
개나리도 사랑스럽고
목련은 우아하게
버들나무 잎사귀 보슬보슬 연둣빛

개울 졸졸 흐르는 개울 옆 작은 꽃잎
물길 따라
내 마음도 그 꽃잎에 띄워 보낸다
일상 중 작은 것에서 쉼을 얻는
산책길

탄천길 2

길을 걷는다
사푼사푼 임 오실 길 비단길

곱게 곱게 분홍 꽃
곱게 단장하여 비단길

오솔길 따라 내 임 오실 길

고운 꽃잎 나풀나풀 비단길
어서 곱게 곱게 오세요 내 임

탄천길 길가 고운 꽃길 따라
내 임께

봄은 노란 유채꽃

봄은 노란 유채꽃 같은 사랑이다
산들바람에 한들한들
흔들림에 내 마음도 살랑살랑
봄바람 따라 나도 간다

저 머나먼 남쪽 바닷가까지
눈부신 쪽빛 바닷가
해당화 화려한 꽃향기 따라 살랑살랑
내 마음도 따라간다
저 머나먼 따뜻한 남쪽 바닷가까지

초록빛 봄님

초록빛 봄님
싱그러운 봄님이 오셨네
잔잔한 봄님이
싱그러운 초록색 옷을 입으시고
활짝 웃으시죠

봄님이 오셨네
잔잔한 미소를 머금고
잔잔한 미소를 짓고
초록색 화려한 옷 갈아입으시고 오셨네
활짝 웃으며

봄님 어서 오세요
환한 미소를 머금은 봄님
어서 오세요
봄님 환영합니다

참나무의 첫눈 풍경

아스라이 희뿌연 첫눈이
가지마다 살포시 덮어
살짝 추운 가지마다
옷 입히는구나

내 동무 참나무
더 추울까 가지마다
살짝 덮는구나
하얀 첫눈

참나무 동무야 더는 추워 마라
너의 첫눈이 살짝 덮는구나
따뜻한 너의 첫눈 동무가

세상 세파 다 겪음도
오늘은 쉼을 하렴

따뜻하게
이제나 저제나 세상은 그리
가고 오고 하는구나

소나무 1

소나무야 소나무야
내게 그리 믿음직한 소나무야

세월 앞에 너도 나도 가는구나
늘 푸르던 잎사귀도
털어 내고

세월 앞에 그리 주름 비늘 덮는구나
허리둘레 굵음은 믿음직하다만
세월 앞에 너도 나도 가는구나

우리 집 소나무에게

소나무 2

나의 등 기대어 놀던
소나무야
난 너의 등 기댐의
동무였는데!
이젠 난 어쩌나
소나무야!
보고 싶구나!

소나무야
난 이제 어쩌겠나 보고 싶은
나의 등 기대어 주는 친구야
이젠 더는 볼 수가 없구나!
보고 싶은 나의 소나무야!
사랑한다

망개 열매

내가 사는 동산
온 천지 자연 거하고
산속 숲속 많은 것들 속
망개나무 그 잎사귀
청청 푸른 잎 그 열매
어느새 빨간색 입고

세상은 오라 않지만
그대는 왔구나
빨간 열매로

시간의 세월 앞에
그대도 순종했구나
청춘의 빨간 열매로

상수리나무, 참나무

이제 완연한 깊은 가을날
아름드리 상수리나무
쭉쭉 뻗은 줄기가 시원타!

길가 낙엽 가득 푹신푹신 카펫
고운 잎 한 장 한 장 밟기도 아깝구나!
담장 둘레 친 둘레길 따라
쭉쭉 뻗은 참나무!

내 사랑하는 나의 나무!
깊은 동면을 하는구나
참 수고했구나!
이제 편안한 잠을 자렴!
나의 사랑하는 참나무에게

갈대

그대 물가 서성이면 내 마음
그대 포근한 솜털에
따스함에 묻히고 싶어라

그대 물가 키 커서 흔들흔들
흔들림마다 내 맘도 흔들린다

그대 잎사귀 날선 듯한 맘
서걱거림...

오솔길

사푼사푼 작은 오솔길
가는 길 작은 꽃잎
사랑스럽게!
옹기종기 모여 앉아
소곤소곤 정답게

오솔길 사푼사푼 가는 길
예쁜 꽃 어여쁘게
예쁜 꽃잎 옹기종기 모여 앉아
도란도란 속삭인다

느티나무

분당 탄천길 고운 꽃길 따라
졸졸 개울가 물길 따라
내 맘도 물길 따라 따라간다

참 곱구나 물길 따라 길 따라
울긋불긋 참 곱구나
내 맘도 따라서 울긋불긋
곱게 물든다

이제 가을은 왔다가 간다
내 임께

은행잎 낙엽 길

아무도 없는 길을
혼자서 걷는다는
생각은 마셔요

우리가 다 같이 함께
걷고 있습니다

세상은 혼자 왔다가
혼자 간다고는
생각은 마셔요

절대로 절대로
혼자가 아닙니다

풍선을 타고

저 하늘을 날아 보자 훨~훨~♡
창공을 마음껏 훨~훨~♡
저 하늘을 훨~훨~♡

저 하늘을 날아 보자
저 높이 훨~훨~♡
내 마음 창공에 띄워 보내
높이~ 높이~ 훨~훨~훨~훨~♡

마음의 풍선을 타고 높이높이
떠올라 보자!~♡
저 높은 곳의 끝자락까지~♡
내 마음의 풍선을 띄워 보자!

칡

칡넝쿨 죽죽 뻗어 나아감은
걸림 없는 삶을
너의 기백을 닮고 싶구나!

칡넝쿨 죽죽 뻗어 나아감은
걸림 없는 삶에
너의 기백을 닮고 싶구나!

칡넝쿨
너의 기백을 본받고 싶구나!

비 1

대지 위 늦은 가을날의
비가 내린다 따뜻한 사랑 담아
세상 삭막함 험함
세상 때를 다 씻어 내고 있다

세상 더 촉촉하라고
추적추적 비가 내린다
마음 촉촉이 내어 주라고
더 마음 내라고 사랑 담아 내린다
촉촉이 더 내어 주라고

가슴 사랑 담아 후드득~후드득
험한 가슴 사랑 담으라고
후드득~후드득
비가 내린다

비 2

비가 내린다 달콤함을 안고
내게 비가 내린다

세상의 모든 슬픔은 다
씻겨 내고자

비가 내린다
달콤한 사랑의 비가 내린다

사랑의 비가 내린다
살랑살랑 바람결에

비가 내린다

바다 위 저 갈매기

저 갈매기 자유롭게
창공을 나는구나!
자유롭게 자유롭게

갈매기야 너의 자유를
갈매기야 너의 날개를
갈매기야 너의 영혼을

바다 위 저 갈매기
자유로움의 유영을 마음껏 누려라!
자유롭다! 날다!

갈매기야 너의 자유를
너의 날개 위에 내 마음을
갈매기 너의 자유로움을

붉은빛 노을

붉은빛 노을빛 바라본다
저 붉은 노을 속 내 마음도 함께
물든다 붉게 붉게

노을 속 내 마음 고요한 마음
붉게 물든 내 마음
노을빛처럼 붉다 붉다

저 하늘빛 맑은 마음
노을빛 받아 붉게 붉게 물든다
노을빛 고요히 붉게 붉게

태양

찬란한 태양이 떠오른다!
구름이 바람이 왔다가도
저 하늘 위에서 찬란하게
지상의 모든 것들에게 공평하게 빛 비춰 준다

태양은 떠오른다 찬란하게
뜨겁게 먹구름도 비바람도
다 걷어 간다 뜨게게
그렇게 뜨겁게 간다

내 사랑하는 기제의 젊은 날
저 먼 나라 간 날을 기리며
사랑한다 명복을 빕니다
고모가

빗방울

톡~ 한 방울~ 영롱한!
은빛~ 빗방울~ 영롱한~ 빛

톡~또~르~르~♡

은빛~ 빗방울~ 굴러~ 떨어진다!~
하늘에서~ 보석이~ 떨어진다!~
은방울~ 금방울~ 보석이~

톡~또~르~르~♡

바다

바다
하얀 거품 안고 그리움 안고서
철~썩 철~썩 파도가 밀려온다
그리움 바다의 꿈인 양 뭍으로
하얀 거품 안고서

바다
그리운 바다의 꿈 하얀 거품 안고서
대지로의 귀향을
철~썩 철~썩 하얀 거품 안고서
뭍으로 뭍으로

바다
하얀 파도의 꿈을 안고서
뭍으로 뭍으로 대지의 품 안으로
바다의 꿈 철~썩 철~썩

비 오는 날의 설렘

보슬보슬 방울방울
비가 내린다

가슴속에서 임 그리며
설렘으로

비가 내린다
보슬보슬 사랑으로

오늘도 내 임 앞에서
설렘으로 다가온다

비가 내린다 설렘을 안고
비가 내린다

눈은

눈은
보임의 창문이다

한 생명의 생명과도 직결된다
자연계의 어떤 동물이었다면
아마도 도태됨을
사람 인간이기에 극복하고
이리 회복되어짐에
난 늘 감사한다

내가 보이는 끝 날까지
자연 사물들이 보임에 늘 감사를
위에 계신 분과 땅에 계신 분들께
늘 감사하며 잘 살아가겠습니다!

일상의 당연함!
그것은 감사함이다!

발가락들의 아웅다웅

첫 번째 발가락 왕
야! 내가 제일 큰 발가락임을 명심혀!

두 번째 발가락 여왕
야! 난 여왕임을 명심혀!

세 번째 발가락
야! 난 세 번째, 3번은 제일 중요한 중지여

네 번째 발가락
야! 난 네 번째, 나를 뭘로 보는 거야

다섯 번째 발가락
야! 난 다섯 번째, 나 없으면 똑바로 못 서 있는다

사랑

사랑은 온유하고
사랑은 자유롭고
사랑은 끝이 없고
사랑은 편견 없고
사랑은 영원하고
사랑은 온전하고
사랑은 순결하고
사랑은 자랑 않고
사랑은 성냄 않고
사랑은 이해하고
사랑은 수용하고

모든 것들의 제일은 사랑이다!

시계

시계는 시간을 알려 준다
똑딱똑딱
오직 숫자만 달고 산다
느낌도 없이 정해진 숫자만
달고 산다

1 2 3 4 5 6 7 8 9 10 11 12
늘 같은 숫자!

그래도 사람들은 불평불만을
하지 않고 산다
늘 똑같아도 시계는 똑딱똑딱
같은 숫자에 가야만 한다

마음

마음이란 시시때때로
흩어졌다 모이기를
안개 같은 것
무엇을 약속할 수 있을까?

안개처럼 모이면 안 보이고
흩어지면 보임을
누가 무엇을 약속할 수 있을까?
세상 헛된 약속

마음이란 무엇을 말할까?
생각! 가슴!
주고 싶고 받고 싶은 마음!
무엇일까?

마음
인간만 교감! 아님 동물도 교감!
선한 마음 많이! 악한 마음 소멸!
작고 큰 마음……

여명

새벽 여명 동틀 녘
희뿌연 안개 서림
고요함...
밝은 여명은 온다

동쪽 밝은 하늘을 기다리며
혼돈한 시간을 보내고
밝은 여명을 기다린다

밤

밤하늘 초승달도 동무 삼아
별 하늘 주고받는데
이내 몸 늘 제자리!
마음만 임에게 다녀온다

무엇을 하든 늘 마음은
한 분만 바라본다
늘 무엇을 하든
같은 하늘 아래라
잠시 찰나~~~♡ 마음으로
보내 본다

저 밤하늘 별들 총총한데
그리 그리 마음을 저 초승달님께
마음으로 등 기대는구나
등 기대는구나
이 밤도 잠 못 드는구나

내 임 1

내 임~♡
오늘도 저 바람결 따라
마음을 띄워 보냅니다~♡

사랑하는 내 임~♡
어느 곳의 산자락 개울가일까요?
내 임 머물던 곳이 어딘가요?~♡

내 임~♡
어딘가는 몰라도 내 마음
저 바람결에 띄워 보냅니다~♡

따뜻한 마음 상큼한 마음
포근한 마음 시원한 마음~♡

내 임 어디에

내 임 2

내 임
산천초목 무성한 날 사계절 가는구나

봄
생명들의 찬가를 들었나요!
너도 나도 움직이지 않고는
견딜 수 없는 몸부림치는 날들

여름
무성함 속에서 싱그러움
한낮 나른한 산들바람
더없이 반가움

가을
너도 바쁜 나도 바쁜
결실을 맺고자 다들 바쁜 추수

겨울
시베리아 차가운 눈 속 따뜻한 난로 됨
나도 조금 너도 조금 다 따뜻함
동장군도 녹네!

사랑 사랑 하늘 아래

사랑 사랑 하늘 아래
첫사랑하는 임은 내 임 네 임
임은 다 아릅답구나

허허벌판 홀로 있어도
사랑은 샘물이고 파란 풀이구나
고엽나무 꽃이라 한들
어여쁘지 않을까나?

찾는 임 어서 오셔요
사푼사푼 고운 임아 어서 오셔요
발걸음도 곱게 곱게 사푼사푼
가벼웁게 어서 오셔요

사계의 사랑

봄
봄날 아지랑이 아른거림
사랑하고 따뜻한 눈길로
사랑 주고받고

여름
시원한 한줄기 장대비처럼
시원하게 사랑을 주고받고

가을
붉은 단풍잎 붉디붉은 가슴 사랑
한 잎 떨어져 가슴 한 장
두 잎 떨어져 가슴 두 장

겨울
하얀 눈 소복소복 차곡차곡 쌓이듯
따뜻한 난로 사랑 따뜻한
희망 소망 사랑으로

사계절 산길

겨울 산길
에구 임 너무 미끄럽네요
미끄덩~ 미끄덩~

봄 산길
에구 임 너무 정겹네요
파릇~ 파릇~

여름 산길
에구 임 너무 덥네요
끙끙~ 끙끙~

가을 산길
에구 임 너무 즐겁네요
울긋~ 불긋~

산길은 인생길이다
울퉁~불퉁~길~

빨간 신호등 앞

빨간 신호등 앞 정지선 앞길은
군무들의 줄 같구나
쭉쭉 뻗은 큰 키의 느티나무들의
화려한 외출복이 멋지고
아릅답구나

빨 주 노 초 파 남 보
그대 들으세요
너무 아파 마세요
노란 은행나무 잎의 황금물결로
위로를 드립니다

노란 은행잎으로 당신의
허허로운 맘을 위로합니다
사랑의 힘을 믿으세요

별 하늘님

별 하늘님
하늘의 샛별 금별 은별 반짝반짝

동쪽 하늘의 샛별 하늘의 샛별
남쪽 하늘의 금별 하늘의 금별
서쪽 하늘의 은별 하늘의 은별
북쪽 하늘의 샛별 금별 은별

하늘 가득 반짝반짝
하늘 가득 오손도손

할배 별 할매 별 아빠 별 엄마 별
가족 별 가득 오손도손 흥겹구나

가을날의 할미 사랑 가득 가득
가족 사랑 가득가득

흐르는 물처럼

흐르는 물처럼 받아 내린다
아낌없이 슬픔도 아픔도 절망도
내게 왔다면 그것이 무엇이려나?

오래 전 내 전생의 만남이었다
그리 억겁을 견뎌 내어
실낱같은 인연이나
내 임이라 불러 볼 수 있어
더 좋았다

전생 현생 후생 인연 받아 내
다 하지 못한 인연 맺고파라
현생이면 더 좋고
후생이어도 여한은 없어라
가을날의 내 임께

용인

용인 싸한 새벽 언저리
인공 눈을 뿌리고 싸한 새벽을 더 만든다
감정이란 공간에 따라
소리에 따라 불빛에 따라
이리 달라짐을
감정에 충실하여
깔끔히 깨끗이 표한다

오늘도 난 잘 살아 내기에 열중한다
잠은 오지 않고
이리 새벽 할 일은 없고
속사람의 감정을 들여다본다

솔직함은 어느 대상에게가 아니다
내 자신이다
늘 솔직함
바보인가?
아니면 천진한 내면의 소리인가?

화분 속 애벌레

작은 세상
작은 화분 속 세상을 봅니다
그 작은 화분 속에 온 세상인 양
작은 꽃 속에서 애벌레가 삽니다

너무 작아서 잘 보이지도 않습니다
그런데 놀랍습니다
온 세상처럼 살아 냅니다
신기합니다
그 작은 화분 속 세상을
큰 우주처럼 살아 냅니다

이 작은 세상을 사는 모습은
큰 기적입니다
작은 것을 큰 것처럼
큰 것을 작은 것처럼
저도 그리 살아 내겠습니다

봄

어느 날 문득 봄날이 왔다
하늘은 사랑스러운
뭉게구름이고

넓은 대지는
달콤한 봄비 한 모금에
시원한 단비이고

바람은 미세먼지를 훨훨
털어 내고
자 힘내자
산촌 초목들과 마음껏
두 팔 가득 봄을 안아 보자

붓꽃

초록빛 보라 꽃
붓꽃을 선물 받았습니다
너무나 싱그러워서
가슴이 설렙니다

초록색 꽃받침에 긴 줄기
보라 꽃받침 노란 꽃물 살짝 묻은
꽃잎이 사랑스럽습니다
두근두근 봄이 오려는가

고추 같은 사람

고추 같은 사람이고 싶다
칼칼하고 매콤한
사람이고 싶다
모든 음식에 색을 덧입혀
색을 내고 맛을 내는
고추 같은 사람
그런 사람이고 싶다

참깨 같은 사람

참깨 같은 사람이고 싶다
꼬소름한 사람이고 싶다
모든 음식에 장식으로도
예쁜 덧뿌림으로
맛을 내고 싶은
그런 사람이고 싶다

꽃소금 같은 사람

꽃소금 같은 사람
난 꽃소금 같은 사람이고 싶다
모든 양념 중 꽃소금 같은 사람
없으면 절대로 안 되는
꽃소금
그런 사람이고 싶다

한겨울의 산등성

거무튀튀한 산등성은 수묵화
거무튀튀한 산등성은
바람을 맞으며 흔들린다
사람들이 마음처럼
싸한 모습이다

산등성
한겨울
그래도 우리는 잘 이겨 내자
마음속 다짐을 해 본다
힘들어도 봄은 온다!

오늘 바람 불어 좋은 날

비가 오려는가?
바람이 분다
흐리다가 맑았다가
수시로 변한다

나는 가만히 있는데
하늘도 맑았다가
땅도 변한다 모든 것이 변한다
내 곁에 사람도 변한다
가고 오고,
모든 것이 변한다

오손도손 이야기꽃을 피워 본다

맑은 시냇물 졸졸 흐른다
개울가 옹기종기 모여 앉아
도란도란 깨알 같은 얘기를
내어 본다

시냇가 울창한 나무 개울가
오손도손 이야기꽃을 피워 본다
사랑 이야기꽃
삶 이야기꽃을
내어 본다

미지의 세계

미지의 세계
막연한 두려움과
설렘으로 내게 온다

미지의 세계는
미로처럼 찾아 나서는
길처럼 확연한 보임이 아닌
막연함의 시작이다

미지의 세계는
무엇이 기다릴까?
무엇이 있을까?
궁금하면서도 선뜻 나서지지 않는
길처럼 뿌연 안개 낌 같다

사사삭 소리친다

갈댓잎 하얀 손 흔든다
잘되어라 잘살아라
사사삭 소리친다

키 큰 갈댓잎 손 흔든다
사사삭 사사삭 소리친다
힘내라고 잘되라고
응원한다

개울가 마른 갈대 소리친다
누구든지 다 힘내라고
사사삭 사사삭 소리친다

그리움이다

그리움이다
아련한 옛 기억에 아스라이
스쳐 지난 옛 기억 속 그리움

옛 기억 한 장면 속에서
더 그리움을 낸다
옛 기억 속 그리움들

사람이라서일까?
아니면
다른 살아 있는 것들의 기억 속에서도
그리움을 낼까?

내 곁 지나간 인연들 속에서
그리움을 담아낸다

보리밭 키 재기

보리밭
파란 잎사귀 골 따라 파란 잎
소복소복 누가 더 클까?
키재기한다!

보리밭 파란 잎 뾰족뾰족 파란 잎
소복소복 소담스럽다!
한여름 날 큰 키 황금물결 희망하며
소담소담 키재기한다!

보리밭 골 따라 파란 긴 줄 따라
농부 마음도 따라 소복소복 꿈을 따라
키재기한다!
풍년을 기원하면서!

10월

10월의 마지막 밤
10월은 가을이면서 겨울을
준비한다

10월은 또 한 해의 준비로 바쁘다
가는 해 오는 해 양 갈래 길 위의
삼각지다
현재와 과거와 미래가 모여 있는
삼각지 길의 10월이다

난 10월은 서글퍼서 싫다
바람 불고 서리 내리고
모든 식물들은 찬 서리 맞음에
어제 활짝 핀 구절초 꽃을
서럽게 만든다

이제 다가오는 11월을 좀 더
따뜻하게 맞아 본다

한 송이 연꽃

연꽃
물안개 속 아련한 한 송이 연꽃
핑크빛 고운 꽃 아련한 향 내음
멀리멀리 바람 따라서~

연못가 그윽한 향 내음 따라서~
아련한 새벽 안개 속 한 송이 꽃
핑크빛 연꽃 한 송이~

그윽한 향 내음 따라서~
내 마음도 따라서~
연꽃 향처럼 내 마음도
안개꽃 피었네~

한 송이 연꽃
아련한 향 내음 따라 내 마음도~
따라 간다
연꽃 향 내음 따라간다

난의 봄

난의 봄
작은 난분 속 봄소식
작은 꽃눈 쏙 하니 수줍게
내밀었다

작은 난분 속 봄소식
어여쁘게 쏙 하니
봄소식을 전한다

이제 봄이 오련다
소식을 전하려
작은 난분 속 봄소식을 알려 준다

착각

오늘 밤은 일찍
잠자리에 들어야겠다
이삼 일 혹사시켰으니
보상을 해 줘야지

어슴푸레 밝아 오는
동쪽 창문의 여명에
눈이 뜨인다
퍼뜩 떠오르는 생각 한 조각
역시, 일찍 자니
일찍 눈이 뜨이는구먼

시계를 바라본다
새벽 세 시
이런 착각을…… 가로등 불빛이었구먼
"나 잘 살고 있는 걸까?"
다시 잠이나 자야겠다

호숫가

한겨울 날 호숫가 나앉아
황금빛 물결 위 반짝임
잔잔한 황금빛 물결 햇살

한겨울 잔잔한 호숫가 물결
황금물결 잔잔한 황금빛 물결
내 마음도 잔잔한 물결 따라

황금빛 물결 그 반짝임
내 마음도 따라 잔잔한 물결 따라
그 넓은 호숫가 나앉아
한없이 바라본다

눈부심 따라 내 마음도 따라간다
한겨울 날 호숫가 황금물결
모랫빛 황금물결
내 마음도 따라간다

숲길

혼자 조용한 숲길 발걸음도
가볍게 살짝살짝
혼자 조용한 숲길 발걸음도
가볍게 조심조심

푸른 숲길 조용히
심호흡 깊게 마시며 살짝살짝
파란 잎 푸른 잎 가득가득
깊게 깊게 심호흡한다

내 마음 저 숲속 내어놓고 살짝
나무 등 기대어 깊게 깊게
쉼을 얻는다

감나무

키 큰 나무 작은 나무 주렁주렁
노랗게 파랗게 붉게 주렁주렁
가을을 엮어 간다

할배 나무 할매 나무 오손도손
주렁주렁 주렁주렁 오손도손
가을을 엮어 간다

한 해 삶을 가지마다 주렁주렁
날마다 가지마다 주렁주렁
가을을 엮어 간다

작은 난로

작은 난로가 있습니다
그 작은 몸에서 늘
따뜻함이 묻어납니다
자신의 몸을 뜨겁게 데워
열을 냅니다

세상 아낌없이 따뜻함으로
빨갛게 뜨겁게 따뜻하게
아낌없이 온전히 따뜻하게
사랑을 듬뿍 담아서
세상에서 제일 뜨거운
사랑을 담아서

은방울꽃

은방울꽃
하얗고 작은 꽃 은방울꽃
커다란 잎사귀 속 하얀 은방울꽃
귀여운 은방울꽃

귀여운 꽃
쟁그랑쟁그랑 은방울꽃
파란 잎사귀 속 초롱초롱 찰랑찰랑
은방울꽃

내 임께

내 임 저 바람 소리를 들으셨나요?
바람 저 먼 땅끝에서 불어옴을
수많은 이들의 삶의 애환들을

한숨과 웃음소리 들으셨나요?
내 임께서는 들으셨나요?
바람의 소리를 사연을
들으셨나요?

바람아 넌 어쩌겠나?
그 많은 사연들을 어쩌겠나?
너의 한없는 가슴으로 받고
위로해 주고 정처 없이 또
가는구나!

눈이 온다

눈이 온다
폴폴 하얀 눈이 온다
예쁘게 온다 하얗게 하얗게
폴폴 눈이 내린다

눈이 내린다
하얗게 하얗게 눈이 내린다
가볍게 가볍게 예쁘게 예쁘게
눈이 내린다

눈이 오네
눈이 살포시 오네
하얗게 솜처럼 폴폴 오네

눈이 내리네
사랑 가득 담아 내리네
따뜻함 가득 담아 내리네
온 세상 다 사랑 담아 내리네

하얀 눈길

하얀 눈길
발자국 소리
뽀드득 소리가 난다
하얀 눈

하얀 눈길에도
내 발자국
임 발자국
내 발자국 임 발자국 뽀드득

하얀 눈길
정답게
두 손 잡고
오손도손 뽀드득...

봄은

봄은 냇가에 물소리
시냇가 맑은 개울가 한 소리
물소리 들리네 졸졸

봄이 오는 소리 들리네
졸졸 시냇가 소리 내며

봄이 오시는 길을 졸졸 시냇가
길을 내어 주시네

봄님 시냇가 길 따라 오세요
시냇가 졸졸 봄 길 내서 오는 소리
길 따라서